fiendish posh sudoku

100 PUZZLES

The Puzzle Society™

puzzlesociety.com

W9-APH-438

Andrews McMeel
Publishing, LLC

Kansas City

09 10 11 12 LEO 10 9 8 7 6 5 4 3 2

ISBN-13: 978-0-7407-7928-2
ISBN-10: 0-7407-7928-1

www.andrewsmcmeel.com
www.PuzzleSociety.com

ATTENTION: SCHOOLS AND BUSINESSES

Andrews McMeel books are available at quantity discounts with bulk purchase for educational, business, or sales promotional use. For information, please write to: Special Sales Department, Andrews McMeel Publishing, LLC, 1130 Walnut Street, Kansas City, MO 64106.

how to play

Complete the grid so that every row, column, and 3 x 3 cube contains every digit from 1 to 9 inclusive with no repetition.

Good luck! These puzzles aren't called "fiendish" for nothing!

5						6		
				7	9	8		
9			3	4				2
7	1			3			8	
		3		5		1		
	2			8			4	5
2				1	3			8
		8	4	9				
		7						1

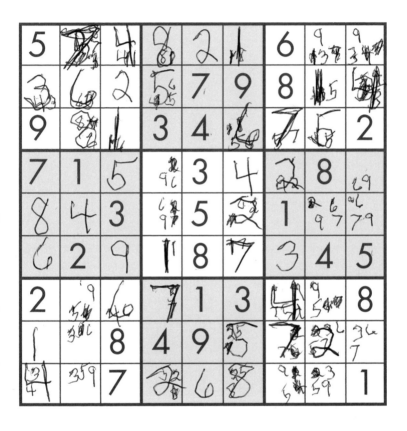

	4			8	9	1	2	
		2	5			6		4
				4		7		
	6							5
		9		5		3		
3							7	
		8		6				
1		6			2	5		
	2	5	4	3			6	

		6	4	2			1	8
			9			2	4	
2				3			5	
	8			7				1
		1		6		5		
4				9			7	
	4			8				5
	7	8			3			
6	9			4	2	1		

	9	4		5				6
			4	7				
						7	5	4
4					7			
		2	9	4	8	6		
			6					7
2	8	1						
				1	4			
3				9		8	1	

			3	7		1		
		9	6	8	2		7	
2								
				6	7		2	
5	2			4			6	9
	1		9	2				
								7
	8		2	9	6	4		
		4		5	8			

6	2			8	9		5	
								1
		4		1		9		2
		5	9		1		8	
				5				
	3		6		8	1		
3		8		4		6		
4								
	6		8	7			1	3

6				5	8		1	
1				2	7			
		4				7		
9		5		4	6			
	2			9			8	
			2	7		4		5
		8				2		
			5	3				8
	1		7	8				6

		9		6	2			1
	7			9	1		3	
6		2	7			8		
9								7
		8			5	6		9
	2		9	1			5	
1			8	4		7		

	2	4		8	6			
3				9	5		4	
8		9						
2						7		
9	8			7			5	3
		7						8
						4		5
	7		5	2				9
			8	3		6	7	

2				5			9	
			3	4		1		
3				1	2			
	2	6						
	3	9		8		6	2	
						7	1	
			9	6				7
		7		2	8			
	8			3				9

4					6	3		1
		8		9	1	6		
				7	4			
	8					2	6	9
				8				
7	1	2					8	
			2	6				
		3	7	4		1		
2		6	9					4

				1		5		
	4		6					9
	5	1	7	4				3
	1			8				4
		4		9		1		
3				7			2	
1				6	8	9	5	
6					1		3	
		9		5				

		5				7		
				4	1	6	3	
6		4	7	5				
5				2			1	
			3	1	7			
	2			9				6
				7	4	8		9
	7	1	8	6				
		8				2		

	1	3		8	4			
				3				1
	5		7			3	8	
					5			6
	3		8		1		9	
8			3					
	4	8			7		6	
7				6				
			9	4		1	2	

			2				7	4
	1		6	7				
		5		4		3		
		1	7				3	
9				5				8
	4				6	7		
		4		8		2		
				1	4		5	
7	3				2			

					2		1	6
			8		6	9	4	
				7		3	8	
	4			6				
		6	2	4	8	1		
				3			2	
	1	9		8				
	6	4	9		7			
5	8		4					

		4		1	5			
		5						9
3			8	4		5		
5					9			
7		9		8		6		1
			5					7
		6		9	2			5
8						2		
			7	5		4		

				3		2		
7				5			3	
					1		4	
6				9	3	1		
		4		1		5		
		1	7	8				6
	2		3					
	7			4				8
		5		2				

				9	8			6
		4				3		1
			6	3	1		8	
	9							
8			1	7	6			2
							1	
	6		9	5	2			
2		5				6		
1			3	6				

4							7	8
	8	3		9				
6			8	4				
				1		6	5	
9		7		6		2		1
	3	6		7				
			8	4				5
			3			7	1	
7	9							4

3	1	8		4				2
6			8	7		5		3
4				6				
	6				7			
				5				
			3				2	
				9				5
8		3		2	6			1
9				3		8	7	6

				5	3			6
						3		
4	5			7			1	9
		2	1	8			5	4
				3				
1	7			6	4	9		
9	1			4			6	3
		6						
7			6	1				

		9		6	7		1	
	4	7		1			6	
				8	2			7
8		5		4				
				9				
				3		2		4
3			9	7				
	9			5		7	8	
	7		1	2		6		

							2	9
				3	2	6		
			7	6		5		
1				2	7	3	8	
2				8				5
	5	8	3	9				1
		1		4	5			
		2	8	1				
8	6							

		8		2	9		3	
			7	6				
1				3	5			7
7						3		
	5	2		9		7	6	
		9						2
2			8	5				9
				4	3			
	8		2	7		5		

			2	1	8			
	3	1	6					
		8		5	4	1	7	
		2	5	6			9	
	9			3			1	
	4			9	2	5		
	1	4	9	2		8		
					3	7	2	
			7	8	6			

8				7	3			
6		1	8			7	5	
								3
	8		6				7	
7				5				2
	5				1		6	
4								
	6	2			7	4		1
			5	9				8

		6		3	9			
5				8			9	
7		9			6		8	
			1					3
1	3			9			4	7
4					3			
	6		9			7		4
	8			1				5
			6	4		8		

				7	3	9		
			9				8	
	3	4		8				7
				9	5			6
7		9		1		2		3
1			7	3				
6				4		8	2	
	7				1			
		1	8	2				

			1	2	4			
2	3			7			6	
4	1	9						
		4					7	
	2	7		6		4	8	
	9					6		
						9	5	1
	4			1			3	8
			8	3	5			

		7					1	
1					3	8		
			9	1	2		4
6				7		3		
			8	4	9			
		2		6				9
7		5	4	3				
		9	5					8
	1					4		

	4	6		3	8			
3					2			4
			4	9				
	3					5	8	
	9			6			2	
	8	1					6	
				1	9			
1			6					2
			2	8		1	3	

	6	9	3	7			1	
				6	8			9
	8					2		
3				2			6	
9				1				8
	2			3				1
		8					7	
4			6	5				
	1			8	4	6	9	

		7		4				
					5		1	6
6			3	9				
	2		6	8			9	
	5			3			7	
	8			5	9		4	
				1	4			2
3	9		7					
				2		9		

				8	2			
	4			7				8
			3			6		5
				5		1	9	3
		1		2		8		
3	5	4		1				
1		3			5			
8				3			6	
			1	6				

	2		3	4		1		
7			8	6	2		5	
				9	1			
		6				2		
	5	2		3		4	8	
		3				5		
			4	1				
	1		2	5	7			3
		4		8	3		1	

	9	8			3		6	4
				6			1	
	2		8	4				
8					6			
5								6
			2					9
				1	2		7	
	8			5				
6	1		7			5	2	

	2	8	9	6				
9						2		8
				3			4	9
				9	8			2
	5	1		2		8	9	
2			5	1				
7	3			5				
8		5						3
				8	6	9	7	

	7				6	1		
2			5	3				
9				7		5	3	
5		6		2				
			1	6	9			
				5		9		7
	2	9		1				3
				9	7			4
		1	6				9	

				2			9	6
				4	5			1
3					7		4	
	7						6	4
2				1				8
5	1						3	
	9		4					2
4			3	7				
7	5			9				

		9		6	4	1		
1				7			4	
4	6			5			3	
		7			8			
		1	6	2	5	8		
			9			5		
	3			8			6	7
	9			3				1
		4	7	9		3		

			1	4	7	5		
								7
3		9		2	5	6		
5				1		7		8
	8			5			1	
1		7		8				6
		2	6	7		3		5
6								
		3	5	9	8			

					3	2	9	7
		3		9				8
			1	6	7		5	
				7	9		1	
	9						8	
	6		2	5				
	8		7	2	5			
1				3		6		
3	7	9	6					

	5			2	1	7		
			4	7			6	2
				8				4
	2	5		6	8			
1								8
			9	5		6	3	
2				9				
5	9			4	7			
		4	5	1			9	

8			5	9				
4	9	2		6				
		5		1			9	8
2	3			8				
		6		5		4		
				4			8	2
9	4			2		8		
				7		6	3	4
			3	5				9

		7			3			
				9	4	5		
3			6	1			7	
	8	3				6		9
	4						2	
6		5				7	4	
	1			6	7			3
		8	3	5				
			9			4		

		9			7		6	
6				2			3	
	7			3			4	1
				4	6			
4	6			8			1	9
			3	9				
5	4			1			9	
	9			6				7
	1		9			5		

8				5	1		9	
			8	2	3	7		1
	2	3					8	
				3	4	1		
		2				3		
		9	2	1				
	3					4	6	
2		7	3	4	6			
	8		1	7				2

				3	8	7		9
2			5			8		
				2				
5			9		2	6		
				1				
		7	4		3			8
				9				
		8			7			5
4		5	2	8				

	5		7		3		4	1
		2	9	6	1			
				5				
			6			7		
	9			1			6	
		1			5			
				9				
			1	2	7	6		
1	4		8		6		7	

		2		8	6	9		4
8				1			6	7
				5				
5			3	7			8	
	7			6			1	
	8			4	9			5
				3				
7	3			2				1
1		5	4	9		8		

5		7		4				
3				2				6
		6	1	9		2		
	6	3		5	9			
				8				
			3	1		4	5	
		2		6	5	3		
6				3				4
				7		6		2

					8	9		
	7	9		4				
				9		1	2	8
			1		5		3	
9			8	3	4			7
	6		9		2			
6	2	3		8				
				2		7	8	
		8	3					

	4	3			7		6	
	6				8			5
				1		3		
							7	2
			2	6	4			
9	2							
		5		4				
1			3				8	
	7		8			6	9	

		9			5			7
		8		3				1
				1	6	2		
1		4						
7			6	4	2			8
						7		6
		1	4	6				
2				5		8		
4			2			9		

				3	8	2		
			7	1			5	
				6		1		9
4		8						1
		9		2		8		
1						5		6
9		2		8				
	6			4	7			
		5	1	9				

9				8				7
7				9	1	6	3	
	3			7				
		3	7					8
	1						9	
8					3	2		
				4			6	
	6	4	8	3				9
5				2				1

				6		2	3	
5							1	
	3		7			8		
8		6	5	9				
	4			2			8	
				7	4	5		9
		4			8		7	
	5							6
	6	9		1				

		3		9	7			
	6			4				
	9			6	1		2	4
7		6						
1			6	2	9			7
						6		8
2	5		4	7			1	
				5			7	
			1	8		9		

4			7	9	2		8	
				3		4		
					6		2	9
				1			9	3
	1			2			4	
2	6			5				
5	3		1					
		9		7				
	2		9	6	3			8

9	2			4	7			6
		7					2	9
3				9				4
			4				7	
5		4		3		1		2
	3				5			
4				2				3
7	9					2		
6			3	5			4	7

3	9			6				
8			9			4		
6		4		7	8			
		1	2	4			9	
		9		1		5		
	4			8	9	6		
			4	5		2		9
		5			6			3
				2			4	5

	1	2	6			3		
		4		3			1	
				2	1			
			4	7				8
		3		5		9		
7				9	3			
			3	4				
	5			6		1		
		6			8	5	9	

	8				1	4		
2				3				
		9		7				5
	5		3		6			8
9				5				1
7			9		2		6	
6				9		8		
				8				4
		3	4				7	

	4		7					
3			6	2				
	6			8			3	4
	2			6	7		9	
4				5				6
	7		9	4			5	
5	9			7			4	
				1	2			9
					6		7	

		3		7			9	
				1		2	7	3
				5		6		8
	1		3	8		9		
			5	9	7			
		8		4	6		5	
1		2		6				
7	8	6		3				
	4			2		7		

					5	6		
		8	2	9	4			
4				6			8	
6		3				1		9
				1				
2		9				3		4
	5			7				1
			1	2	9	7		
		1	5					

8					1	5	6	
		9	5	3		7	4	
7					8			
	6		3	5			1	
	8			2	7		9	
			6					5
	7	3		1	5	6		
	2	6	8					1

			7	6				9
3				1	2	8		
			3	5			4	1
	1			2	7			
6								5
			8	3			2	
5	2			4	3			
		3	2	8				4
1				7	6			

	7			1	8			
3			2				6	
				9	3	7	2	
9						5	7	
		8		6		3		
	2	3						6
	3	6	9	5				
	9				1			7
			3	2			1	

	8		4	9				3
6				1	5			7
	5	9		7				
		7						9
			8	4	9			
3						6		
				6		7	9	
9			1	2				4
2				8	4		6	

			3					1
7				6		8		
		2	8	5				
		5	2	8			3	
			5	3	6			
	6			4	7	1		
				1	4	7		
		4		9				2
3			7					

	2			7		4		5
		7	2	5			6	
				8				
		2			3		1	
8				6				7
	3		5			2		
				3				
	4			2	8	9		
6		5		9			8	

			5				3	2
		9		2	8			
2		5	7	3				
					2			7
	5		3	7	4		8	
4		7						
			9	5	1			3
	8	6		3				
5	6		1					

				7	6			5
8		7		3	9			
						2		
	6			9	7		3	
5				8				6
	9		6	1			8	
		3						
			7	2		4		9
1			8	6				

		2	1	9	6			
		5			3		9	2
8	3							
2			7	6				
		6		1		4		
				8	4			5
							2	3
3	2		6			8		
			4	3	2	5		

	2				8			
	9			4	2			
		7		9		1	8	
		2					4	
1			3	8	7			9
	7					8		
	8	3		5		4		
			8	6			7	
			9				2	

8	7					4		1
	1			7				3
				8	2			
				4	1	9	2	8
				6				
3	8	4	7	2				
			8	1				
9				5			6	
1		6					7	2

4	9			2	5		3	
8				9				
			8			1		
9	1		3			8		
		8		5		4		
		5			1		6	9
		6			8			
				1				6
	8		4	3			1	5

				1	9			
1				2		5	6	4
				5		2	9	
		1	9			3	2	
				4				
	6	9			7	4		
	3	8		7				
5	4	2		9				6
			4	3				

		9	6	4				
3						7		
			7	5	2	9	3	
	2			5				9
6				8				2
8				9			1	
9	6	1	2	3				
		3						1
			1	7	9			

		7		2		3	4	
		9		7				2
	1			4	9			6
	7					4		8
				6				
8		4					2	
5			6	8			7	
7				5		9		
	4	8		9		6		

				5	7		1	
	6				9			
9		5			6		3	
		2				8		1
1				4				2
8		3				5		
	8		9			2		7
			8				9	
	2		7	3				

		4	5	6	7	3		
7				3	4			
							5	
		3		5			4	6
	8			9			7	
9	7			1		8		
	4							
			2	7				8
		1	9	4	5	6		

3			2		4	6		
				7		3	2	
		4		3				1
			3	4		7		
4								6
		7		6	1			
6				1		5		
	4	8		9				
		1	7		8			3

	5			4	6			3
		1		2				
2			7	3		4	1	
				8	7	1		
7				9				2
		4	3	5				
	1	9		6	3			4
				1		9		
3			8	7			2	

		5		9	3			
6	9			5		3		
	4		7					
				1		5		2
1		8				6		4
5		9		7				
					5		1	
		4		8			6	5
			6	3		2		

		9	7	5	2		3	
		3						
1				4	3		2	
	8					1		2
	1			3			8	
9		5					6	
	3		1	6				8
						5		
	2		9	8	5	6		

				9	1	8		
		2		6				
	9			4			5	6
	7			2				9
		8	9		4	5		
4				5			7	
9	2			3			4	
				1		2		
		1	5	8				

		9		2			8	
8					3			
5			4	8			1	
	5	7		1		2		
		8				3		
		4		6		8	9	
	4			9	7			2
			1					9
	9			4		5		

		1		9	8			
				3	7			2
7	5			1		3		
		2				1		6
			7	6	5			
6		5				7		
		6		7			4	5
1			9	5				
			2	4		9		

	1			2	6			5
5	2			7				4
		7		4			6	
		1		9	8	2		
				3				
		2	1	6		4		
	9			1		8		
8				5			2	1
1			3	8			4	

	6		2	5	8			7
4	8					6	2	5
				6				
	7	1	6				5	
				2				
	4				7	1	8	
				1				
6	1	5					9	4
8			5	4	6		3	

8				4	5	9		2
	3			6				
	1				7			
5						8		
6			4	7	8			1
		2						4
			5				6	
				1			4	
3		4	9	8				7

				1			6	
		3		8		1		
	5			2	7	8		
		7	3				1	4
	4			6			8	
8	1				4	5		
		8	1	3			4	
		1		7		9		
	7			4				

	9			1				
				5				8
			9	6	3	1		5
		4	2	3				
5		2				8		3
				7	8	2		
3		6	5	9	4			
9				2				
				8			4	

			1					
1				6	4	9		3
	8			3		6		
				9	1	3	4	
3				7				5
	7	6	8	5				
		2		1			3	
5		9	3	4				1
					5			

		5		1			9	4
	4			5		7		
		9			4			8
				6	5	4		
		3	1	9				
3			7			6		
		4		2			8	
1	6			8		2		

			3				2	
	6			2	7	3		5
2				1	8			4
6			7				4	
		1		4		7		
	7				2			1
4			2	5				7
7		2	1	9			6	
	9				6			

	9			5		1		
		4		2	1			9
5			4					
	4							6
	7	5		3		4	2	
3							5	
					3			8
2			5	7		9		
		3		9			7	

5	7	4	8	2	1	6	9	3
3	6	2	5	7	9	8	1	4
9	8	1	3	4	6	5	7	2
7	1	5	6	3	4	2	8	9
8	4	3	9	5	2	1	6	7
6	2	9	1	8	7	3	4	5
2	9	6	7	1	3	4	5	8
1	3	8	4	9	5	7	2	6
4	5	7	2	6	8	9	3	1

1

5	4	7	6	8	9	1	2	3
9	1	2	5	7	3	6	8	4
6	8	3	2	4	1	7	5	9
8	6	1	3	2	7	4	9	5
2	7	9	8	5	4	3	1	6
3	5	4	9	1	6	8	7	2
4	9	8	1	6	5	2	3	7
1	3	6	7	9	2	5	4	8
7	2	5	4	3	8	9	6	1

2

9	5	6	4	2	7	3	1	8
8	3	7	9	1	5	2	4	6
2	1	4	8	3	6	9	5	7
5	8	9	2	7	4	6	3	1
7	2	1	3	6	8	5	9	4
4	6	3	5	9	1	8	7	2
3	4	2	1	8	9	7	6	5
1	7	8	6	5	3	4	2	9
6	9	5	7	4	2	1	8	3

3

7	9	4	3	5	1	2	8	6
8	2	5	4	7	6	1	9	3
6	1	3	2	8	9	7	5	4
4	6	9	1	3	7	5	2	8
5	7	2	9	4	8	6	3	1
1	3	8	6	2	5	9	4	7
2	8	1	5	6	3	4	7	9
9	5	7	8	1	4	3	6	2
3	4	6	7	9	2	8	1	5

4

4	6	8	3	7	5	1	9	2
1	3	9	6	8	2	5	7	4
2	7	5	4	1	9	6	3	8
9	4	3	5	6	7	8	2	1
5	2	7	8	4	1	3	6	9
8	1	6	9	2	3	7	4	5
6	5	2	1	3	4	9	8	7
7	8	1	2	9	6	4	5	3
3	9	4	7	5	8	2	1	6

5

6	2	1	7	8	9	3	5	4
5	9	3	2	6	4	8	7	1
8	7	4	5	1	3	9	6	2
2	4	5	9	3	1	7	8	6
1	8	6	4	5	7	2	3	9
7	3	9	6	2	8	1	4	5
3	5	8	1	4	2	6	9	7
4	1	7	3	9	6	5	2	8
9	6	2	8	7	5	4	1	3

6

6	7	2	4	5	8	3	1	9
1	9	3	6	2	7	8	5	4
5	8	4	3	1	9	7	6	2
9	3	5	8	4	6	1	2	7
4	2	7	1	9	5	6	8	3
8	6	1	2	7	3	4	9	5
7	5	8	9	6	4	2	3	1
2	4	6	5	3	1	9	7	8
3	1	9	7	8	2	5	4	6

7

4	8	9	3	6	2	5	7	1
5	7	6	4	9	1	2	3	8
2	1	3	5	7	8	9	6	4
6	4	2	7	3	9	8	1	5
9	5	1	6	8	4	3	2	7
7	3	8	1	2	5	6	4	9
3	9	4	2	5	7	1	8	6
8	2	7	9	1	6	4	5	3
1	6	5	8	4	3	7	9	2

8

7	2	4	3	8	6	5	9	1
3	6	1	2	9	5	8	4	7
8	5	9	1	4	7	2	3	6
2	1	3	9	5	8	7	6	4
9	8	6	4	7	2	1	5	3
5	4	7	6	1	3	9	2	8
1	3	2	7	6	9	4	8	5
6	7	8	5	2	4	3	1	9
4	9	5	8	3	1	6	7	2

9

2	4	1	8	5	7	3	9	6
6	7	8	3	4	9	1	5	2
3	9	5	6	1	2	8	7	4
1	2	6	5	7	3	9	4	8
7	3	9	1	8	4	6	2	5
8	5	4	2	9	6	7	1	3
4	1	3	9	6	5	2	8	7
9	6	7	4	2	8	5	3	1
5	8	2	7	3	1	4	6	9

10

4	5	7	8	2	6	3	9	1
3	2	8	5	9	1	6	4	7
9	6	1	3	7	4	8	5	2
5	8	4	1	3	7	2	6	9
6	3	9	4	8	2	7	1	5
7	1	2	6	5	9	4	8	3
1	4	5	2	6	3	9	7	8
8	9	3	7	4	5	1	2	6
2	7	6	9	1	8	5	3	4

11

7	6	3	8	1	9	5	4	2
2	4	8	6	3	5	7	1	9
9	5	1	7	4	2	6	8	3
5	1	7	2	8	6	3	9	4
8	2	4	5	9	3	1	7	6
3	9	6	1	7	4	8	2	5
1	3	2	4	6	8	9	5	7
6	7	5	9	2	1	4	3	8
4	8	9	3	5	7	2	6	1

12

3	1	5	2	8	6	7	9	4
7	8	2	9	4	1	6	3	5
6	9	4	7	5	3	1	2	8
5	3	9	6	2	8	4	1	7
8	4	6	3	1	7	9	5	2
1	2	7	4	9	5	3	8	6
2	5	3	1	7	4	8	6	9
9	7	1	8	6	2	5	4	3
4	6	8	5	3	9	2	7	1

13

2	1	3	5	8	4	6	7	9
4	8	7	6	3	9	2	5	1
6	5	9	7	1	2	3	8	4
9	7	1	4	2	5	8	3	6
5	3	6	8	7	1	4	9	2
8	2	4	3	9	6	7	1	5
1	4	8	2	5	7	9	6	3
7	9	2	1	6	3	5	4	8
3	6	5	9	4	8	1	2	7

14

8	9	6	2	3	5	1	7	4
4	1	3	6	7	9	5	8	2
2	7	5	8	4	1	3	9	6
5	6	1	7	2	8	4	3	9
9	2	7	4	5	3	6	1	8
3	4	8	1	9	6	7	2	5
1	5	4	9	8	7	2	6	3
6	8	2	3	1	4	9	5	7
7	3	9	5	6	2	8	4	1

15

4	7	8	3	9	2	5	1	6
1	2	3	8	5	6	9	4	7
6	9	5	1	7	4	3	8	2
9	4	2	5	6	1	7	3	8
7	3	6	2	4	8	1	9	5
8	5	1	7	3	9	6	2	4
2	1	9	6	8	5	4	7	3
3	6	4	9	2	7	8	5	1
5	8	7	4	1	3	2	6	9

16

2	7	4	9	1	5	3	6	8
6	8	5	2	3	7	1	4	9
3	9	1	8	4	6	5	7	2
5	1	3	6	7	9	8	2	4
7	2	9	4	8	3	6	5	1
4	6	8	5	2	1	9	3	7
1	4	6	3	9	2	7	8	5
8	5	7	1	6	4	2	9	3
9	3	2	7	5	8	4	1	6

17

5	4	8	9	3	6	2	1	7
7	1	2	8	5	4	6	3	9
9	6	3	2	7	1	8	4	5
6	5	7	4	9	3	1	8	2
8	9	4	6	1	2	5	7	3
2	3	1	7	8	5	4	9	6
4	2	9	3	6	8	7	5	1
1	7	6	5	4	9	3	2	8
3	8	5	1	2	7	9	6	4

18

3	1	2	4	9	8	5	7	6
6	8	4	7	2	5	3	9	1
9	5	7	6	3	1	2	8	4
5	9	1	2	4	3	7	6	8
8	4	3	1	7	6	9	5	2
7	2	6	5	8	9	4	1	3
4	6	8	9	5	2	1	3	7
2	3	5	8	1	7	6	4	9
1	7	9	3	6	4	8	2	5

19

4	2	9	3	5	6	1	7	8
5	8	3	1	9	7	4	2	6
6	7	1	8	4	2	5	9	3
2	4	8	9	1	3	6	5	7
9	5	7	4	6	8	2	3	1
1	3	6	2	7	5	8	4	9
3	1	2	7	8	4	9	6	5
8	6	4	5	3	9	7	1	2
7	9	5	6	2	1	3	8	4

20

3	1	8	9	4	5	7	6	2
6	9	2	8	7	1	5	4	3
4	5	7	2	6	3	9	1	8
2	6	1	4	8	7	3	5	9
7	3	9	6	5	2	1	8	4
5	8	4	3	1	9	6	2	7
1	4	6	7	9	8	2	3	5
8	7	3	5	2	6	4	9	1
9	2	5	1	3	4	8	7	6

21

2	8	1	9	5	3	4	7	6
6	9	7	4	2	1	3	8	5
4	5	3	8	7	6	2	1	9
3	6	2	1	8	9	7	5	4
8	4	9	5	3	7	6	2	1
1	7	5	2	6	4	9	3	8
9	1	8	7	4	2	5	6	3
5	2	6	3	9	8	1	4	7
7	3	4	6	1	5	8	9	2

22

5	8	9	4	6	7	3	1	2
2	4	7	3	1	9	5	6	8
6	1	3	5	8	2	9	4	7
8	2	5	7	4	6	1	3	9
7	3	4	2	9	1	8	5	6
9	6	1	8	3	5	2	7	4
3	5	6	9	7	8	4	2	1
1	9	2	6	5	4	7	8	3
4	7	8	1	2	3	6	9	5

23

3	8	6	4	5	1	7	2	9
7	1	5	9	3	2	6	4	8
4	2	9	7	6	8	5	1	3
1	9	4	5	2	7	3	8	6
2	3	7	1	8	6	4	9	5
6	5	8	3	9	4	2	7	1
9	7	1	6	4	5	8	3	2
5	4	2	8	1	3	9	6	7
8	6	3	2	7	9	1	5	4

24

5	7	8	1	2	9	4	3	6
4	9	3	7	6	8	1	2	5
1	2	6	4	3	5	9	8	7
7	6	1	5	8	2	3	9	4
8	5	2	3	9	4	7	6	1
3	4	9	6	1	7	8	5	2
2	3	7	8	5	1	6	4	9
6	1	5	9	4	3	2	7	8
9	8	4	2	7	6	5	1	3

25

4	6	7	2	1	8	3	5	9
5	3	1	6	7	9	2	8	4
9	2	8	3	5	4	1	7	6
3	7	2	5	6	1	4	9	8
8	9	5	4	3	7	6	1	2
1	4	6	8	9	2	5	3	7
7	1	4	9	2	5	8	6	3
6	8	9	1	4	3	7	2	5
2	5	3	7	8	6	9	4	1

26

8	2	5	4	7	3	9	1	6
6	3	1	8	2	9	7	5	4
9	4	7	1	6	5	2	8	3
3	8	9	6	4	2	1	7	5
7	1	6	9	5	8	3	4	2
2	5	4	7	3	1	8	6	9
4	9	8	2	1	6	5	3	7
5	6	2	3	8	7	4	9	1
1	7	3	5	9	4	6	2	8

27

8	1	6	4	3	9	5	7	2
5	2	3	7	8	1	4	9	6
7	4	9	5	2	6	3	8	1
6	5	8	1	7	4	9	2	3
1	3	2	8	9	5	6	4	7
4	9	7	2	6	3	1	5	8
2	6	1	9	5	8	7	3	4
9	8	4	3	1	7	2	6	5
3	7	5	6	4	2	8	1	9

28

5	6	8	4	7	3	9	1	2
2	1	7	9	5	6	3	8	4
9	3	4	1	8	2	6	5	7
4	8	3	2	9	5	1	7	6
7	5	9	6	1	8	2	4	3
1	2	6	7	3	4	5	9	8
6	9	5	3	4	7	8	2	1
8	7	2	5	6	1	4	3	9
3	4	1	8	2	9	7	6	5

29

7	5	6	1	2	4	8	9	3
2	3	8	5	7	9	1	6	4
4	1	9	6	8	3	5	2	7
1	6	4	2	9	8	3	7	5
5	2	7	3	6	1	4	8	9
8	9	3	4	5	7	6	1	2
3	8	2	7	4	6	9	5	1
6	4	5	9	1	2	7	3	8
9	7	1	8	3	5	2	4	6

30

9	6	7	2	8	4	5	1	3
1	2	4	7	5	3	8	9	6
8	5	3	6	9	1	2	7	4
6	9	8	1	7	2	3	4	5
5	3	1	8	4	9	7	6	2
4	7	2	3	6	5	1	8	9
7	8	5	4	3	6	9	2	1
2	4	9	5	1	7	6	3	8
3	1	6	9	2	8	4	5	7

31

9	4	6	1	3	8	2	7	5
3	1	8	7	5	2	6	9	4
2	5	7	4	9	6	3	1	8
6	3	2	9	7	4	5	8	1
7	9	5	8	6	1	4	2	3
4	8	1	3	2	5	9	6	7
8	2	3	5	1	9	7	4	6
1	7	9	6	4	3	8	5	2
5	6	4	2	8	7	1	3	9

32

2	6	9	3	7	5	8	1	4
1	5	4	2	6	8	7	3	9
7	8	3	9	4	1	2	5	6
3	4	1	8	2	9	5	6	7
9	7	5	4	1	6	3	2	8
8	2	6	5	3	7	9	4	1
6	3	8	1	9	2	4	7	5
4	9	7	6	5	3	1	8	2
5	1	2	7	8	4	6	9	3

33

5	1	7	2	4	6	8	3	9
2	3	9	8	7	5	4	1	6
6	4	8	3	9	1	7	2	5
4	2	3	6	8	7	5	9	1
9	5	1	4	3	2	6	7	8
7	8	6	1	5	9	2	4	3
8	7	5	9	1	4	3	6	2
3	9	2	7	6	8	1	5	4
1	6	4	5	2	3	9	8	7

34

9	3	6	5	8	2	4	1	7
5	4	2	6	7	1	9	3	8
7	1	8	3	4	9	6	2	5
2	8	7	4	5	6	1	9	3
6	9	1	7	2	3	8	5	4
3	5	4	9	1	8	2	7	6
1	6	3	8	9	5	7	4	2
8	7	9	2	3	4	5	6	1
4	2	5	1	6	7	3	8	9

35

6	2	8	3	4	5	1	7	9
7	9	1	8	6	2	3	5	4
3	4	5	7	9	1	8	6	2
9	8	6	5	7	4	2	3	1
1	5	2	6	3	9	4	8	7
4	7	3	1	2	8	5	9	6
5	3	7	4	1	6	9	2	8
8	1	9	2	5	7	6	4	3
2	6	4	9	8	3	7	1	5

36

1	9	8	5	2	3	7	6	4
3	4	5	9	6	7	8	1	2
7	2	6	8	4	1	9	3	5
8	3	2	4	9	6	1	5	7
5	7	9	1	3	8	2	4	6
4	6	1	2	7	5	3	8	9
9	5	3	6	1	2	4	7	8
2	8	7	3	5	4	6	9	1
6	1	4	7	8	9	5	2	3

37

4	2	8	9	6	1	3	5	7
9	1	3	4	7	5	2	6	8
5	6	7	8	3	2	1	4	9
3	7	4	6	9	8	5	1	2
6	5	1	7	2	3	8	9	4
2	8	9	5	1	4	7	3	6
7	3	6	2	5	9	4	8	1
8	9	5	1	4	7	6	2	3
1	4	2	3	8	6	9	7	5

38

3	7	5	9	4	6	1	2	8
2	6	8	5	3	1	4	7	9
9	1	4	8	7	2	5	3	6
5	9	6	7	2	8	3	4	1
4	3	7	1	6	9	8	5	2
1	8	2	3	5	4	9	6	7
6	2	9	4	1	5	7	8	3
8	5	3	2	9	7	6	1	4
7	4	1	6	8	3	2	9	5

39

1	4	5	8	2	3	7	9	6
6	8	7	9	4	5	3	2	1
3	2	9	1	6	7	8	4	5
9	7	8	5	3	2	1	6	4
2	3	6	7	1	4	9	5	8
5	1	4	6	8	9	2	3	7
8	9	3	4	5	1	6	7	2
4	6	2	3	7	8	5	1	9
7	5	1	2	9	6	4	8	3

40

3	7	9	2	6	4	1	5	8
1	2	5	8	7	3	6	4	9
4	6	8	1	5	9	7	3	2
6	5	7	3	1	8	2	9	4
9	4	1	6	2	5	8	7	3
2	8	3	9	4	7	5	1	6
5	3	2	4	8	1	9	6	7
7	9	6	5	3	2	4	8	1
8	1	4	7	9	6	3	2	5

41

2	6	8	1	4	7	5	3	9
4	5	1	3	6	9	2	8	7
3	7	9	8	2	5	6	4	1
5	3	4	9	1	6	7	2	8
9	8	6	7	5	2	4	1	3
1	2	7	4	8	3	9	5	6
8	1	2	6	7	4	3	9	5
6	9	5	2	3	1	8	7	4
7	4	3	5	9	8	1	6	2

42

6	1	5	4	8	3	2	9	7
7	4	3	5	9	2	1	6	8
9	2	8	1	6	7	4	5	3
2	3	4	8	7	9	5	1	6
5	9	1	3	4	6	7	8	2
8	6	7	2	5	1	3	4	9
4	8	6	7	2	5	9	3	1
1	5	2	9	3	8	6	7	4
3	7	9	6	1	4	8	2	5

43

4	5	3	6	2	1	7	8	9
9	1	8	4	7	5	3	6	2
6	7	2	3	8	9	1	5	4
3	2	5	1	6	8	9	4	7
1	6	9	7	3	4	5	2	8
8	4	7	9	5	2	6	3	1
2	3	1	8	9	6	4	7	5
5	9	6	2	4	7	8	1	3
7	8	4	5	1	3	2	9	6

44

8	1	7	5	9	2	3	4	6
4	9	2	8	6	3	5	7	1
3	6	5	7	1	4	2	9	8
2	3	4	1	8	7	9	6	5
7	8	6	2	5	9	4	1	3
1	5	9	3	4	6	7	8	2
9	4	3	6	2	1	8	5	7
5	2	1	9	7	8	6	3	4
6	7	8	4	3	5	1	2	9

45

1	9	7	5	2	3	8	6	4
8	6	2	7	9	4	5	3	1
3	5	4	6	1	8	9	7	2
7	8	3	2	4	5	6	1	9
9	4	1	8	7	6	3	2	5
6	2	5	1	3	9	7	4	8
5	1	9	4	6	7	2	8	3
4	7	8	3	5	2	1	9	6
2	3	6	9	8	1	4	5	7

46

1	3	9	4	5	7	8	6	2
6	8	4	1	2	9	7	3	5
2	7	5	6	3	8	9	4	1
9	5	1	2	4	6	3	7	8
4	6	3	7	8	5	2	1	9
7	2	8	3	9	1	4	5	6
5	4	7	8	1	2	6	9	3
3	9	2	5	6	4	1	8	7
8	1	6	9	7	3	5	2	4

47

8	7	4	6	5	1	2	9	3
6	9	5	8	2	3	7	4	1
1	2	3	4	9	7	6	8	5
5	6	8	7	3	4	1	2	9
7	1	2	9	6	8	3	5	4
3	4	9	2	1	5	8	7	6
9	3	1	5	8	2	4	6	7
2	5	7	3	4	6	9	1	8
4	8	6	1	7	9	5	3	2

48

6	5	4	1	3	8	7	2	9
2	7	1	5	6	9	8	3	4
8	3	9	7	2	4	1	5	6
5	8	3	9	7	2	6	4	1
9	4	2	8	1	6	5	7	3
1	6	7	4	5	3	2	9	8
7	1	6	3	9	5	4	8	2
3	2	8	6	4	7	9	1	5
4	9	5	2	8	1	3	6	7

49

6	5	9	7	8	3	2	4	1
4	8	2	9	6	1	5	3	7
3	1	7	4	5	2	8	9	6
5	2	3	6	4	9	7	1	8
7	9	4	2	1	8	3	6	5
8	6	1	3	7	5	4	2	9
2	7	6	5	9	4	1	8	3
9	3	8	1	2	7	6	5	4
1	4	5	8	3	6	9	7	2

50

3	1	2	7	8	6	9	5	4
8	5	4	9	1	3	2	6	7
6	9	7	2	5	4	1	3	8
5	4	1	3	7	2	6	8	9
9	7	3	8	6	5	4	1	2
2	8	6	1	4	9	3	7	5
4	2	8	5	3	1	7	9	6
7	3	9	6	2	8	5	4	1
1	6	5	4	9	7	8	2	3

51

5	2	7	6	4	3	1	8	9
3	9	1	5	2	8	7	4	6
8	4	6	1	9	7	2	3	5
7	6	3	4	5	9	8	2	1
1	5	4	7	8	2	9	6	3
2	8	9	3	1	6	4	5	7
4	1	2	9	6	5	3	7	8
6	7	8	2	3	1	5	9	4
9	3	5	8	7	4	6	1	2

52

1	3	2	6	5	8	9	7	4
8	7	9	2	4	1	3	5	6
5	4	6	7	9	3	1	2	8
2	8	7	1	6	5	4	3	9
9	1	5	8	3	4	2	6	7
3	6	4	9	7	2	8	1	5
6	2	3	4	8	7	5	9	1
4	9	1	5	2	6	7	8	3
7	5	8	3	1	9	6	4	2

53

8	4	3	5	2	7	9	6	1
2	6	1	9	3	8	7	4	5
7	5	9	4	1	6	3	2	8
6	3	8	1	9	5	4	7	2
5	1	7	2	6	4	8	3	9
9	2	4	7	8	3	1	5	6
3	8	5	6	4	9	2	1	7
1	9	6	3	7	2	5	8	4
4	7	2	8	5	1	6	9	3

54

6	1	9	8	2	5	4	3	7
5	2	8	7	3	4	6	9	1
3	4	7	9	1	6	2	8	5
1	6	4	5	8	7	3	2	9
7	9	3	6	4	2	1	5	8
8	5	2	1	9	3	7	4	6
9	3	1	4	6	8	5	7	2
2	7	6	3	5	9	8	1	4
4	8	5	2	7	1	9	6	3

55

5	1	4	9	3	8	2	6	7
3	9	6	7	1	2	4	5	8
2	8	7	5	6	4	1	3	9
4	7	8	3	5	6	9	2	1
6	5	9	4	2	1	8	7	3
1	2	3	8	7	9	5	4	6
9	3	2	6	8	5	7	1	4
8	6	1	2	4	7	3	9	5
7	4	5	1	9	3	6	8	2

56

9	2	6	3	8	4	1	5	7
7	5	8	2	9	1	6	3	4
4	3	1	5	7	6	9	8	2
6	9	3	7	5	2	4	1	8
2	1	7	4	6	8	5	9	3
8	4	5	9	1	3	2	7	6
3	7	2	1	4	9	8	6	5
1	6	4	8	3	5	7	2	9
5	8	9	6	2	7	3	4	1

57

4	8	1	9	6	5	2	3	7
5	9	7	3	8	2	6	1	4
6	3	2	7	4	1	8	9	5
8	7	6	5	9	3	4	2	1
9	4	5	1	2	6	7	8	3
1	2	3	8	7	4	5	6	9
3	1	4	6	5	8	9	7	2
7	5	8	2	3	9	1	4	6
2	6	9	4	1	7	3	5	8

58

4	2	3	5	9	7	1	8	6
5	6	1	2	4	8	7	3	9
8	9	7	3	6	1	5	2	4
7	4	6	8	3	5	2	9	1
1	8	5	6	2	9	3	4	7
9	3	2	7	1	4	6	5	8
2	5	9	4	7	6	8	1	3
6	1	8	9	5	3	4	7	2
3	7	4	1	8	2	9	6	5

59

4	5	6	7	9	2	3	8	1
8	9	2	5	3	1	4	7	6
3	7	1	8	4	6	5	2	9
7	4	5	6	1	8	2	9	3
9	1	8	3	2	7	6	4	5
2	6	3	4	5	9	8	1	7
5	3	7	1	8	4	9	6	2
6	8	9	2	7	5	1	3	4
1	2	4	9	6	3	7	5	8

60

9	2	8	1	4	7	5	3	6
1	4	7	5	6	3	8	2	9
3	5	6	2	9	8	7	1	4
8	6	9	4	1	2	3	7	5
5	7	4	8	3	6	1	9	2
2	3	1	9	7	5	4	6	8
4	1	5	7	2	9	6	8	3
7	9	3	6	8	4	2	5	1
6	8	2	3	5	1	9	4	7

61

3	9	2	5	6	4	1	8	7
8	1	7	9	3	2	4	5	6
6	5	4	1	7	8	9	3	2
7	6	1	2	4	5	3	9	8
2	8	9	6	1	3	5	7	4
5	4	3	7	8	9	6	2	1
1	3	8	4	5	7	2	6	9
4	2	5	8	9	6	7	1	3
9	7	6	3	2	1	8	4	5

62

9	1	2	6	8	4	3	5	7
6	8	4	5	3	7	2	1	9
3	7	5	9	2	1	8	6	4
5	9	1	4	7	2	6	3	8
2	4	3	8	5	6	9	7	1
7	6	8	1	9	3	4	2	5
1	2	9	3	4	5	7	8	6
8	5	7	2	6	9	1	4	3
4	3	6	7	1	8	5	9	2

63

3	8	7	5	6	1	4	2	9
2	4	5	8	3	9	6	1	7
1	6	9	2	7	4	3	8	5
4	5	2	3	1	6	7	9	8
9	3	6	7	5	8	2	4	1
7	1	8	9	4	2	5	6	3
6	7	4	1	9	3	8	5	2
5	2	1	6	8	7	9	3	4
8	9	3	4	2	5	1	7	6

64

9	4	8	7	3	5	6	2	1
3	5	1	6	2	4	9	8	7
2	6	7	1	8	9	5	3	4
1	2	5	8	6	7	4	9	3
4	8	9	2	5	3	7	1	6
6	7	3	9	4	1	2	5	8
5	9	6	3	7	8	1	4	2
7	3	4	5	1	2	8	6	9
8	1	2	4	9	6	3	7	5

65

4	2	3	6	7	8	5	9	1
8	6	5	4	1	9	2	7	3
9	7	1	2	5	3	6	4	8
5	1	7	3	8	2	9	6	4
6	3	4	5	9	7	1	8	2
2	9	8	1	4	6	3	5	7
1	5	2	7	6	4	8	3	9
7	8	6	9	3	1	4	2	5
3	4	9	8	2	5	7	1	6

66

1	9	7	8	3	5	6	4	2
3	6	8	2	9	4	5	1	7
4	2	5	7	6	1	9	8	3
6	8	3	4	5	2	1	7	9
5	7	4	9	1	3	8	2	6
2	1	9	6	8	7	3	5	4
9	5	2	3	7	8	4	6	1
8	4	6	1	2	9	7	3	5
7	3	1	5	4	6	2	9	8

67

8	3	2	7	4	1	5	6	9
6	1	9	5	3	2	7	4	8
7	5	4	9	6	8	1	2	3
4	6	7	3	5	9	8	1	2
2	9	1	4	8	6	3	5	7
3	8	5	1	2	7	4	9	6
1	4	8	6	9	3	2	7	5
9	7	3	2	1	5	6	8	4
5	2	6	8	7	4	9	3	1

68

2	8	1	7	6	4	3	5	9
3	5	4	9	1	2	8	6	7
9	7	6	3	5	8	2	4	1
8	1	5	6	2	7	4	9	3
6	3	2	4	9	1	7	8	5
4	9	7	8	3	5	1	2	6
5	2	9	1	4	3	6	7	8
7	6	3	2	8	9	5	1	4
1	4	8	5	7	6	9	3	2

69

2	7	9	6	1	8	4	5	3
3	1	5	2	7	4	8	6	9
6	8	4	5	9	3	7	2	1
9	6	1	4	3	2	5	7	8
7	5	8	1	6	9	3	4	2
4	2	3	7	8	5	1	9	6
1	3	6	9	5	7	2	8	4
5	9	2	8	4	1	6	3	7
8	4	7	3	2	6	9	1	5

70

7	8	2	4	9	6	5	1	3
6	3	4	2	1	5	9	8	7
1	5	9	3	7	8	4	2	6
8	4	7	6	3	1	2	5	9
5	2	6	8	4	9	3	7	1
3	9	1	7	5	2	6	4	8
4	1	8	5	6	3	7	9	2
9	6	5	1	2	7	8	3	4
2	7	3	9	8	4	1	6	5

71

8	5	6	4	7	3	9	2	1
7	3	9	1	6	2	8	5	4
4	1	2	8	5	9	3	7	6
9	4	5	2	8	1	6	3	7
1	8	7	5	3	6	2	4	9
2	6	3	9	4	7	1	8	5
5	2	8	6	1	4	7	9	3
6	7	4	3	9	8	5	1	2
3	9	1	7	2	5	4	6	8

72

1	2	8	3	7	6	4	9	5
4	9	7	2	5	1	8	6	3
5	6	3	4	8	9	7	2	1
7	5	2	8	4	3	6	1	9
8	1	4	9	6	2	5	3	7
9	3	6	5	1	7	2	4	8
2	8	9	6	3	5	1	7	4
3	4	1	7	2	8	9	5	6
6	7	5	1	9	4	3	8	2

73

8	4	9	1	5	6	7	3	2
3	7	6	9	4	2	8	1	5
2	1	5	7	3	8	4	9	6
6	3	1	5	8	9	2	4	7
9	5	2	3	7	4	6	8	1
4	8	7	2	6	1	3	5	9
7	2	4	8	9	5	1	6	3
1	9	8	6	2	3	5	7	4
5	6	3	4	1	7	9	2	8

74

4	3	2	1	7	6	8	9	5
8	5	7	2	3	9	1	6	4
9	1	6	5	4	8	2	7	3
2	6	8	4	9	7	5	3	1
5	7	1	3	8	2	9	4	6
3	9	4	6	1	5	7	8	2
7	4	3	9	5	1	6	2	8
6	8	5	7	2	3	4	1	9
1	2	9	8	6	4	3	5	7

75

4	7	2	1	9	6	3	5	8
1	6	5	8	4	3	7	9	2
8	3	9	5	2	7	6	1	4
2	4	3	7	6	5	9	8	1
5	8	6	2	1	9	4	3	7
7	9	1	3	8	4	2	6	5
6	5	4	9	7	8	1	2	3
3	2	7	6	5	1	8	4	9
9	1	8	4	3	2	5	7	6

76

5	2	1	7	3	8	9	6	4
6	9	8	1	4	2	7	3	5
3	4	7	6	9	5	1	8	2
8	3	2	5	1	9	6	4	7
1	6	4	3	8	7	2	5	9
9	7	5	4	2	6	8	1	3
7	8	3	2	5	1	4	9	6
2	5	9	8	6	4	3	7	1
4	1	6	9	7	3	5	2	8

77

8	7	2	6	9	3	4	5	1
6	1	9	4	7	5	2	8	3
5	4	3	1	8	2	7	9	6
7	6	5	3	4	1	9	2	8
2	9	1	5	6	8	3	4	7
3	8	4	7	2	9	6	1	5
4	2	7	8	1	6	5	3	9
9	3	8	2	5	7	1	6	4
1	5	6	9	3	4	8	7	2

78

4	9	7	1	2	5	6	3	8
8	2	1	6	9	3	5	7	4
5	6	3	8	4	7	1	9	2
9	1	2	3	6	4	8	5	7
6	3	8	7	5	9	4	2	1
7	4	5	2	8	1	3	6	9
1	5	6	9	7	8	2	4	3
3	7	4	5	1	2	9	8	6
2	8	9	4	3	6	7	1	5

79

2	5	4	6	1	9	8	7	3
1	9	3	7	2	8	5	6	4
8	7	6	3	5	4	2	9	1
4	8	1	9	6	5	3	2	7
7	2	5	1	4	3	6	8	9
3	6	9	2	8	7	4	1	5
9	3	8	5	7	6	1	4	2
5	4	2	8	9	1	7	3	6
6	1	7	4	3	2	9	5	8

80

2	7	9	6	4	3	1	5	8
3	5	8	9	2	1	7	6	4
4	1	6	8	7	5	2	9	3
1	2	7	3	5	6	4	8	9
6	9	5	1	8	4	3	7	2
8	3	4	7	9	2	6	1	5
9	6	1	2	3	8	5	4	7
7	4	3	5	6	9	8	2	1
5	8	2	4	1	7	9	3	6

81

6	8	7	5	2	1	3	4	9
4	5	9	3	7	6	8	1	2
3	1	2	8	4	9	7	5	6
9	7	1	2	3	5	4	6	8
2	3	5	4	6	8	1	9	7
8	6	4	9	1	7	5	2	3
5	9	3	6	8	4	2	7	1
7	2	6	1	5	3	9	8	4
1	4	8	7	9	2	6	3	5

82

2	3	8	4	5	7	9	1	6
4	6	1	3	8	9	7	2	5
9	7	5	2	1	6	4	3	8
7	5	2	6	9	3	8	4	1
1	9	6	5	4	8	3	7	2
8	4	3	1	7	2	5	6	9
3	8	4	9	6	1	2	5	7
5	1	7	8	2	4	6	9	3
6	2	9	7	3	5	1	8	4

83

1	9	4	5	6	7	3	8	2
7	5	2	8	3	4	1	6	9
6	3	8	1	2	9	7	5	4
2	1	3	7	5	8	9	4	6
4	8	6	3	9	2	5	7	1
9	7	5	4	1	6	8	2	3
3	4	7	6	8	1	2	9	5
5	6	9	2	7	3	4	1	8
8	2	1	9	4	5	6	3	7

84

3	1	5	2	8	4	6	7	9
9	8	6	1	7	5	3	2	4
7	2	4	9	3	6	8	5	1
1	6	2	3	4	9	7	8	5
4	5	9	8	2	7	1	3	6
8	3	7	5	6	1	9	4	2
6	7	3	4	1	2	5	9	8
5	4	8	6	9	3	2	1	7
2	9	1	7	5	8	4	6	3

85

9	5	7	1	4	6	2	8	3
4	3	1	9	2	8	6	5	7
2	6	8	7	3	5	4	1	9
6	2	3	4	8	7	1	9	5
7	8	5	6	9	1	3	4	2
1	9	4	3	5	2	7	6	8
5	1	9	2	6	3	8	7	4
8	7	2	5	1	4	9	3	6
3	4	6	8	7	9	5	2	1

86

7	1	5	8	9	3	4	2	6
6	9	2	1	5	4	3	8	7
8	4	3	7	6	2	1	5	9
4	6	7	3	1	8	5	9	2
1	3	8	5	2	9	6	7	4
5	2	9	4	7	6	8	3	1
2	8	6	9	4	5	7	1	3
3	7	4	2	8	1	9	6	5
9	5	1	6	3	7	2	4	8

87

8	6	9	7	5	2	4	3	1
2	4	3	6	9	1	8	7	5
1	5	7	8	4	3	9	2	6
3	8	6	4	7	9	1	5	2
4	1	2	5	3	6	7	8	9
9	7	5	2	1	8	3	6	4
5	3	4	1	6	7	2	9	8
6	9	8	3	2	4	5	1	7
7	2	1	9	8	5	6	4	3

88

6	5	4	7	9	1	8	2	3
7	8	2	3	6	5	9	1	4
1	9	3	2	4	8	7	5	6
5	7	6	1	2	3	4	8	9
2	3	8	9	7	4	5	6	1
4	1	9	8	5	6	3	7	2
9	2	5	6	3	7	1	4	8
8	6	7	4	1	9	2	3	5
3	4	1	5	8	2	6	9	7

89

4	3	9	7	2	1	6	8	5
8	7	1	6	5	3	9	2	4
5	2	6	4	8	9	7	1	3
9	5	7	3	1	8	2	4	6
2	6	8	9	7	4	3	5	1
3	1	4	5	6	2	8	9	7
6	4	5	8	9	7	1	3	2
7	8	2	1	3	5	4	6	9
1	9	3	2	4	6	5	7	8

90

2	3	1	4	9	8	5	6	7
4	6	9	5	3	7	8	1	2
7	5	8	6	1	2	3	9	4
9	7	2	3	8	4	1	5	6
8	1	3	7	6	5	4	2	9
6	4	5	1	2	9	7	8	3
3	9	6	8	7	1	2	4	5
1	2	4	9	5	3	6	7	8
5	8	7	2	4	6	9	3	1

91

4	1	9	8	2	6	7	3	5
5	2	6	9	7	3	1	8	4
3	8	7	5	4	1	9	6	2
6	5	1	4	9	8	2	7	3
9	4	8	2	3	7	5	1	6
7	3	2	1	6	5	4	9	8
2	9	3	6	1	4	8	5	7
8	6	4	7	5	9	3	2	1
1	7	5	3	8	2	6	4	9

92

1	6	9	2	5	8	3	4	7
4	8	3	9	7	1	6	2	5
7	5	2	4	6	3	8	1	9
2	7	1	6	8	4	9	5	3
9	3	8	1	2	5	4	7	6
5	4	6	3	9	7	1	8	2
3	2	4	7	1	9	5	6	8
6	1	5	8	3	2	7	9	4
8	9	7	5	4	6	2	3	1

93

8	6	7	3	4	5	9	1	2
4	3	9	2	6	1	7	8	5
2	1	5	8	9	7	4	3	6
5	4	1	6	2	9	8	7	3
6	9	3	4	7	8	5	2	1
7	8	2	1	5	3	6	9	4
1	7	8	5	3	4	2	6	9
9	5	6	7	1	2	3	4	8
3	2	4	9	8	6	1	5	7

94

7	8	2	9	1	3	4	6	5
9	6	3	4	8	5	1	7	2
1	5	4	6	2	7	8	9	3
2	9	7	3	5	8	6	1	4
3	4	5	7	6	1	2	8	9
8	1	6	2	9	4	5	3	7
5	2	8	1	3	9	7	4	6
4	3	1	5	7	6	9	2	8
6	7	9	8	4	2	3	5	1

95

6	9	5	8	1	7	4	3	2
7	1	3	4	5	2	6	9	8
4	2	8	9	6	3	1	7	5
8	6	4	2	3	5	9	1	7
5	7	2	1	4	9	8	6	3
1	3	9	6	7	8	2	5	4
3	8	6	5	9	4	7	2	1
9	4	7	3	2	1	5	8	6
2	5	1	7	8	6	3	4	9

96

6	3	4	1	8	9	7	5	2
1	2	7	5	6	4	9	8	3
9	8	5	2	3	7	6	1	4
2	5	8	6	9	1	3	4	7
3	9	1	4	7	2	8	6	5
4	7	6	8	5	3	1	2	9
7	4	2	9	1	6	5	3	8
5	6	9	3	4	8	2	7	1
8	1	3	7	2	5	4	9	6

97

6	7	5	8	1	2	3	9	4
8	4	1	9	5	3	7	2	6
2	3	9	6	7	4	5	1	8
7	9	8	2	6	5	4	3	1
5	1	6	4	3	8	9	7	2
4	2	3	1	9	7	8	6	5
3	8	2	7	4	1	6	5	9
9	5	4	3	2	6	1	8	7
1	6	7	5	8	9	2	4	3

98

5	4	7	3	6	9	1	2	8
1	6	8	4	2	7	3	9	5
2	3	9	5	1	8	6	7	4
6	5	3	7	8	1	2	4	9
8	2	1	9	4	5	7	3	6
9	7	4	6	3	2	8	5	1
4	1	6	2	5	3	9	8	7
7	8	2	1	9	4	5	6	3
3	9	5	8	7	6	4	1	2

99

6	9	8	3	5	7	1	4	2
7	3	4	8	2	1	5	6	9
5	2	1	4	6	9	7	8	3
1	4	2	7	8	5	3	9	6
8	7	5	9	3	6	4	2	1
3	6	9	2	1	4	8	5	7
9	5	7	6	4	3	2	1	8
2	1	6	5	7	8	9	3	4
4	8	3	1	9	2	6	7	5

100